Kristin Kemp, M.A.E.

Asesora

Caryn Williams, M.S.Ed.
Madison County Schools
Huntsville, AL

Créditos de imágenes: Portada, págs. 1, 4 William Philpott/Reuters/Newscom; pág. 12 Everett Collection Inc/ Alamy; pág. 18 Gene Herrick/Associated Press; pág. 23 (arriba) Jim McKnight/Associated Press; pág. 7 The Bridgeman Art; pág. 25 (arriba) David Tulis/Bettmann/ Corbis; págs. 9, 19 Bettmann/Corbis; pág. 27 (arriba) Chuck Kennedy/MCT/Getty Images; pág. 22 Don Cravens/ Time & Life Pictures/Getty Images; pág. 21 Ed Clark/Time & Life Pictures/Getty Image; pág. 8 FPG/Archive Photos/ Getty Images; pág. 24 (izquierda) Francis Miller/Time & Life Pictures/Getty Images; pág. 24 (derecha) Paul Schutzer/ Time & Life Pictures/Getty Image; pág. 14 Stan Wayman/ Time & Life Pictures/Getty Image; pág. 15 (fondo) Tony Vaccaro/Archive Photos/Getty Images; pág. 28 (arriba) Dr. Judy Hung; págs. 10–11 (todas) Jack Delano/The Granger Collection, NYC/Granger Collection; pág. 12 LOC, LC-DIG-fsa-8a26761, págs. 2–3 LOC, LC-USZ62-126840, pág. 20 LOC, LC-USZ62-111235, pág. 13 LOC, LC-USZ62-116817, págs. 5, 32 LOC, LC-DIG-ppmsca-03128, pág. 15 (arriba) LOC, na0108p1 The Library of Congress; págs. 6 (izquierda), 31 akg-images/Newscom; pág. 16 Everett Collection/ Newscom; pág. 26 TRIPPETT/SIPA/Newscom; pág. 25 World History Archive/Newscom; pág. 17 (izquierda) ZUMA Press/ Newscom; págs. 28–29 Scott Vaughan; págs. 3, 17 (abajo) Wikimedia Common; todas las demás imágenes pertenecen a Shutterstock.

Teacher Created Materials
5301 Oceanus Drive
Huntington Beach, CA 92649-1030
http://www.tcmpub.com

ISBN 978-1-4938-0604-1

Índice

Origen de un movimiento

Muchas personas conocen el nombre Rosa Parks. Ella nos recuerda una época injusta para los afroamericanos. Había muchas leyes que hacían que los afroamericanos sintieran que no eran **iguales** a los blancos. Las leyes decían que necesitaban usar baños y bebederos separados. No podían ir a las mismas escuelas. No podían sentarse en los mismos cines ni comer en los mismos restaurantes. Los afroamericanos querían que las leyes cambiaran. Querían recibir un trato justo.

Parks también quería que cambiaran las leyes. Estaba dispuesta a defenderse a sí misma para que eso sucediera. Parks se negó a ceder su asiento en un autobús a un hombre blanco. Ese acto simple fue el que inició un gran cambio en Estados Unidos. Desencadenó el movimiento por los **derechos civiles**.

Rosa Parks

Las personas protestan en la Marcha sobre Washington por el Trabajo y la Libertad en 1963.

Movimiento por los derechos civiles

El movimiento por los derechos civiles fue la lucha por otorgarles derechos civiles a los afroamericanos. Estos son derechos que deben tener todas las personas, como el derecho a ser libres, felices y estar seguros.

La joven Parks

Rosa Parks nació el 4 de febrero de 1913. Su nombre era Rosa McCauley antes de casarse. Su padre era carpintero. Un carpintero es una persona que construye cosas, como viviendas y muebles. Su madre era maestra. Cuando Parks tenía dos años, su madre se mudó con ella y su hermano menor. Se fueron a vivir con sus abuelos en Pine Level, Alabama. Eran pobres, pero Parks se divertía en la granja. Jugaba al aire libre y hacía las tareas domésticas.

Rosa Parks

Parks amaba a su familia. Cuidaba de su hermano. Su madre llevaba a Parks a la iglesia y le enseñó a leer. Sus abuelos habían sido **esclavos** cuando eran jóvenes. Ellos le contaron sus historias de la niñez. Le enseñaron a ser fuerte y a defenderse. Nunca olvidó aquello que le contaron.

Esclavos

Los esclavos eran personas que no tenían libertad y eran propiedad de otras personas. En 1865, Estados Unidos determinó que las personas ya no podían tener esclavos.

En 1919, Parks comenzó a asistir a la escuela. Le encantaba aprender, pero también se dio cuenta de que las cosas eran injustas. La escuela era solamente para estudiantes afroamericanos. Había un salón de clases que tenía un solo maestro y 50 estudiantes. Parks tenía que caminar hasta la escuela porque no había autobús. Además, la escuela solamente estaba abierta cinco meses al año. La escuela para estudiantes blancos era muy diferente. Había muchos maestros y salones de clases. Los estudiantes blancos viajaban en autobús. Y, su escuela estaba abierta nueve meses al año.

La ley establecía que los afroamericanos y los blancos debían estar separados. Esto se llamaba **segregación**. La ley también establecía que todo debía ser igual. Esta idea se conocía como "separados pero iguales". Pero las cosas no eran iguales.

Los estudiantes blancos, con frecuencia, tenían mejores materiales y clases más reducidas.

Parks fue a una escuela segregada como esta.

En 1924, Parks terminó sexto grado. Se fue a vivir con su tía a Montgomery, Alabama. Allí había mejores escuelas para las niñas afroamericanas. Sus nuevos maestros eran buenos con ella y confiaban en ella. Aprendió matemáticas, ciencias y lectura. También aprendió a fijarse objetivos. Parks quería terminar la escuela secundaria. En ese momento, no muchas niñas afroamericanas hacían esto.

escuela segregada

En 1929, la abuela de Parks se enfermó. Parks tuvo que dejar la escuela para cuidar de ella. Pero su abuela falleció. Luego, su madre se enfermó. Parks necesitaba ganar dinero para sustentar a su familia, así encontró un trabajo limpiando casas. Parks se sentía desilusionada por no terminar la escuela secundaria, pero quería hacer lo correcto.

Parks trabajó limpiando casas como esta.

Participación

Cuando Parks tenía 18 años, conoció a un hombre llamado Raymond Parks. ¡Él le propuso matrimonio en la segunda cita! Dos años más tarde, se casaron. A Raymond le encantaba leer. Sabía que Parks también era inteligente. Quería que volviera a la escuela. En 1932, ella terminó la escuela secundaria a los 19 años.

Raymond era miembro de la Asociación Nacional para el Progreso de las Personas de Color (NAACP). En ese momento, las personas llamaban a los afroamericanos "personas de color". Este grupo quería que las cosas fueran justas para los afroamericanos.

Este hombre bebe en un bebedero segregado.

Raymond luchaba por los derechos civiles y Parks también quería participar. Asistió a una reunión y tomó notas sobre lo que decían las personas. Hizo un buen trabajo. El líder, E. D. Nixon, le pidió que trabajara como secretaria. Debería tomar notas en todas las reuniones.

¿Cómo se dice?

La forma correcta de decir NAACP es N-doble A-C-P. Este grupo continúa luchando por la igualdad hoy en día.

Estos miembros de la NAACP protestan contra la segregación.

A Parks le gustaba trabajar para la NAACP. Era un trabajo arduo, pero sentía que estaba marcando una diferencia. A los afroamericanos aún no se les trataba igual. Ella quería ayudar a cambiar eso.

A Parks la entristecía ver a las personas segregadas en los autobuses. Solamente las personas blancas podían sentarse en la parte delantera del autobús. La parte de atrás del autobús era para los afroamericanos y en el medio podían sentarse ambos. Si los afroamericanos estaban sentados en el medio y una persona blanca quería un asiento, los primeros debían moverse. Incluso tomar el autobús era injusto. Los afroamericanos tenían que subir al autobús por la puerta frontal para pagar, y luego bajarse del autobús e ir hasta la puerta de atrás para sentarse. No se les permitía caminar entre los blancos. Parks sabía que las cosas debían cambiar.

autobús segregado

Este cartel estaba colocado en la parte delantera de los autobuses durante este período.

A Parks le toman las huellas dactilares en la estación de policía luego de su arresto.

Rebelde respetuosa

El 1.º de diciembre de 1955, Parks tomó el autobús después del trabajo. Se sentó en la sección del medio en la que podían sentarse tanto los blancos como los afroamericanos. Mientras viajaban, cada vez más personas subieron al autobús. Estaba muy lleno de gente y pronto no quedaron más asientos libres. Un hombre blanco tomó el autobús y tuvo que quedarse de pie.

La ley decía que Parks debía cederle su asiento, pero se negó a hacerlo. El conductor del autobús se detuvo y le pidió que se pusiera de pie. Parks actuó de manera calmada y educada, pero se negó a moverse. El conductor del autobús llamó a la policía. Un oficial de policía llegó y le pidió que se moviera; de lo contrario, la arrestaría. Ella le contestó de manera educada: “Puede hacerlo”. Entonces, el oficial de policía arrestó a Parks.

POLICE DEPARTMENT
CITY OF MONTGOMERY

Date 12-1-55 19

Complainant J.F.Blake (wm) Phone No.
Address 27 No. Lewis St. Reported By Same as above
Offense Misc. Phone No.
Address
Date and Time Offense Committed 12-1-55 6:06 pm
Place of Occurrence In Front of Empire Theatre (On Montgomery Street)
Property Attacked

...ails of Complaint (list, describe ...

upon arrival the bus operator said he had a colored female
... section of the bus, and would not move back.
... saw her.
...d a warrant for her. Rosa Parks, (cf) 634 Cleveland Court.
...ged with chapter 6 section 11 of the Montgomery City Code.

Officers F. B. Day
D. W. Mixon

Time 7:00 pm

En la estación de policía, toman la fotografía de Parks.

informe policial sobre el arresto de Parks

Raymond fue a recoger a Parks a la estación de policía. E. D. Nixon de la NAACP pagó la **fianza**. Este era dinero que debían pagar para que Parks pudiera salir. Aún así debía ir a la **corte**. Un juez decidiría si había infringido la ley.

En la corte, el juez le dijo a Parks que debía pagar $14 por infringir la ley. Parks se negó a pagar. Entonces, su caso fue a las cortes superiores. ¡No iba a rendirse ahora!

Justicia estadounidense

Los tribunales o las cortes son los lugares en los que se escuchan los casos. Los jueces escuchan los casos y deciden si alguien infringió la ley. Si alguien considera que un juez tomó una mala decisión, puede hacer que un juez de una corte superior escuche su caso.

E. D. Nixon y Parks en la corte por el juicio de Parks.

Nixon y Parks sabían que este podía ser el inicio de cambios importantes. Querían que todos los habitantes de Montgomery se involucraran. Decidieron hacer un **boicot** a los autobuses. Le pidieron ayuda al líder de los derechos civiles, el Dr. Martin Luther King Jr. Los afroamericanos no tomarían autobuses hasta que cambiara la ley. Esto haría que las compañías de autobuses perdieran dinero. Así que los afroamericanos comenzaron a caminar en lugar de tomar autobuses.

Parks también hizo un boicot a los autobuses. Aquí, está camino a la cárcel por el boicot.

El caso de Parks llegó hasta la Corte Suprema. Es el tribunal máximo de Estados Unidos. La Corte Suprema decidió que la ley de Montgomery era injusta. ¡Parks ganó el caso! Los afroamericanos ahora podían sentarse en cualquier parte del autobús. El 20 de diciembre de 1956, el boicot finalmente terminó. ¡Los afroamericanos no habían tomado un autobús durante más de un año!

Cuando Parks tomó un autobús por primera vez luego de su arresto, se sentó en el asiento de adelante. Había un hombre blanco sentado detrás de ella. Pero ahora nadie podía decirle que debía sentarse atrás. No tenía que ceder su asiento. Aún había muchas leyes injustas para los afroamericanos, pero Parks sabía que este era un buen comienzo. Quería continuar luchando por los derechos civiles.

Parks viaja en la parte delantera de un autobús después de ganar su caso.

Abogado famoso

El **abogado** que ayudó a Parks a ganar el caso fue Thurgood Marshall. Fue un famoso líder de los derechos civiles. Luchó contra las leyes injustas para los afroamericanos. Fue abogado, juez e incluso el primer magistrado afroamericano de la Corte Suprema.

Un nuevo comienzo

Después del boicot, las cosas se volvieron difíciles para Raymond y Parks. Algunas personas no querían que los afroamericanos tuvieran derechos civiles. Raymond y Parks no podían encontrar trabajo. Personas enojadas les enviaban cartas agresivas y Parks recibió llamadas telefónicas groseras.

Raymond decidió que debían mudarse. Se mudaron a Detroit, Michigan, donde vivía el hermano de Parks. Él los ayudó a encontrar un nuevo hogar. Parks encontró un trabajo como costurera y comenzó a participar en la iglesia local.

En 1964, un hombre afroamericano de Detroit fue **electo** para formar parte del **Congreso**. Este es el grupo que hace las leyes del país. Su nombre era John Conyers Jr. Parks fue a trabajar para él. Le gustaba mucho su trabajo. Trabajó para él muchos años.

Las leyes estaban cambiando en todo el país. Parks dio discursos. Compartió su historia con la gente. En 1963, se realizó una inmensa reunión en Washington D. C. Se llamó la *Marcha sobre Washington*. Asistieron miles de personas. Allí se encontraron los afroamericanos y los blancos que querían que todos tuvieran derechos civiles. El Dr. Martin Luther King Jr. dio su famoso discurso "Tengo un sueño". Dijo que soñaba con el día en que todas las personas fueran iguales y felices. Parks también estaba allí.

Al año siguiente, el presidente Lyndon B. Johnson firmó la ley de derechos civiles. Era una ley que establecía que todas las personas debían recibir un trato igualitario. Parks estaba feliz porque finalmente habría leyes justas.

Marcha sobre Washington, 1963

Dr. Martin Luther King Jr.

El presidente Johnson firma la ley de derechos civiles en 1964.

La Madre de los Derechos Civiles

En 1996, el presidente Bill Clinton le dio a Parks la Medalla Presidencial de la Libertad. En 1999, el Congreso le otorgó la Medalla de Oro del Congreso. Estos son los más altos honores para un **ciudadano** estadounidense.

El presidente Clinton le entrega a Parks la Medalla Presidencial de la Libertad.

Personas se reúnen alrededor del ataúd de Parks para presentarle sus respetos.

Parks fue honrada con esta estampilla estadounidense.

En 2005, Parks falleció. Tenía 92 años. Sus restos se llevaron al edificio del **Capitolio** de Estados Unidos. Aquí es donde se reúne el Congreso. Fue la primera mujer en recibir estos honores. Más de 4,000 personas asistieron para presentarle sus respetos.

Las personas recuerdan a Parks por negarse a ceder su asiento en un autobús. Pero hizo mucho más. Trabajó toda la vida para lograr que las cosas fueran justas para todas las personas. Se conoce como la Madre de los Derechos Civiles.

Estadounidenses asombrosos de hoy

Rosa Parks fue una estadounidense asombrosa. Defendió aquello en lo que creía y nunca se rindió. Hoy en día, hay muchos estadounidenses asombrosos. Ellos también ayudan a las personas.

Judy es la estadounidense asombrosa de Scott. Es veterinaria. Trabaja con animales de refugios. Como veterinaria, cuida de los animales que no pueden hablar por ellos mismos.

¡Escríbelo!

Piensa en un estadounidense asombroso que conozcas. ¿Qué hace esta persona para ayudar a tu comunidad? Haz un dibujo y escribe un párrafo sobre por qué consideras que esta persona es un estadounidense asombroso.

Scott hizo este dibujo de Judy cuidando de un perro.

Glosario

abogado: una persona cuyo trabajo es guiar y asistir a las personas en cuestiones relacionadas con la ley

boicot: cuando la gente se niega a comprar, usar o participar en algo como forma de protesta

Capitolio: el edificio en el que se reúnen las personas que hacen las leyes de Estados Unidos

ciudadano: una persona que pertenece legalmente a un país

Congreso: un grupo de personas responsable de hacer las leyes de un país

corte: un lugar donde se presentan los casos

derechos civiles: derechos que todas las personas deben tener

electo: elegido por medio del voto

esclavos: personas que son propiedad de otra y no tienen libertad

fianza: una cantidad de dinero que se le paga a una corte para que alguien salga de prisión y regrese en el momento del juicio

iguales: los mismos

segregación: la práctica de separar grupos de personas por su raza o religión

Índice analítico

¡Tu turno!

Inspiración

Rosa Parks fue una inspiración para muchas personas. Inspiró a otros a que se defendieran para lograr el cambio. ¿Qué cosas crees que son injustas en la actualidad? Habla con tus amigos y familiares sobre algo que sea injusto. Luego, escribe lo que puedes hacer para ayudar a cambiarlo.